介護福祉現場の意識改革シリーズ

事例から考える
「チームメンバーの活かし方」

野田由佳里／岡本浄実／村上逸人　著

みらい

執筆者紹介

野田由佳里（のだゆかり）（社会福祉学博士）　聖隷クリストファー大学社会福祉学部教授

・はじめに、テーマ１・６・７、おわりに

　介護福祉現場の実務経験を活かした講義が身上。高齢者福祉論・介護福祉論・介護過程などを担当。研究テーマは、「介護人材の定着」を柱として、ケアの思想や、介護福祉学の進展に貢献する研究を深めています。一例として、介護職の離職率の高さを危惧し、就業意識の構造分析、好循環に繋がる因子研究や、介護現場における腰痛予防に関する移乗動作解析研究も行っています。最近は人材不足対策の外国人介護労働者にも着目しています。

岡本　浄実（おかもと　きよみ）（生活福祉修士・健康科学修士）　京都文教大学こども教育学部准教授

・テーマ２・３・４

　楽しい時間は、「面白さ」と「発見」があります。面白さと発見のしかけを日々、考えています。健康科学・体育・保育内容（健康）を担当。研究テーマは、健康教育。生活という視点を大切にしています。また、遊びや活動の「半分できること」をキーワードに子どもから高齢者の健康や生きがい活動を支援しています。現在は、保育実践の可視化に着目しています。

村上　逸人（むらかみ　はやひと）（社会福祉学修士）　同朋大学社会福祉学部准教授

・テーマ５・８

　高齢者の介護過程展開や人間の尊厳と自立などを担当。研究テーマは、高齢者の介護。個人を尊重し、生活ケアの理解に重点を置いています。介護技術だけでなく、利用者と自分の育ってきた生活感覚が違っても活躍できる介護人材の養成を目指しています。現在は外国人を含めた介護の国際化と標準化に着目しています。

はじめに

　筆者はよく現場の職員から、「自分の職場のチームメンバーに、どうアドバイスしたらよいか教えてほしい」と尋ねられることが多くあります。アドバイスをしながら筆者自身が「良いチームって何だ？」と自問自答しています。

やりとりの場面では、あえて同質性を求めないのが介護職チーム

　チーム論の中では、発言や考え方などの同質性や異質性を意識した記述がありますが（筆者自身は自己と他者の間に存在する異質を好む傾向がありますが）、介護現場に従事する職員の中には、異質性を排除する人も少なからず存在しています。利用者に対しては多様性として寛容的な態度で接しているにも関わらず、介護職には均質性を求める職員もいます。しかし今や、介護人材の不足は喫緊の課題です。当然ながら、利用者の生活を守るため、統一的なケアは大事なミッションだと筆者は考えていますが、介護職が介護の仕事そのものを好むのは、利用者とのやりとりなど人格的な関係性に帰するところがあります。また多種多様な職員がいるのも生活の場所ではないかとも筆者は考えています。ボランタリズムを押し付けられた20世紀の福祉現場ではもうありません。介護保険制度が措置制度から契約制度になって20年、消費と選択で流行を牽引してきた団塊の世代が利用者となった今、異質さも受け入れつつ、ケアを提供し続けるのが令和の介護現場ではないでしょうか。その最たるものが、外国人介護労働者とも言えます。

チームの中で活躍できる職員とは

　井上由起子らがまとめた役割理論の中では、効果的なチームでは９つの役割があるとしており（表1）、担当の役割を集中させることや、役割がないため疎外感を感じている人

表1　チームにおける役割理論

まとめ役	方向づけるリーダー、受容的で信頼される。
形つくる人	タスクに焦点を当てたリーダー。
種まく人	革新的なアプローチをする、大きな問題に関心。
調査者	他者のアイデアを取り上げ、発展させる。
実行する人	実践的で実務的な仕事を着実に行う。
管理評価者	判断力があり、公正に重要な決定をする。
チームのために働く人	摩擦をするための仲介をする。
完成させる人	細部にこだわり、コツコツと完成させる。
専門家	チームになり知識や技術を提供。

出典：井上由起子・鶴岡浩樹・宮島渡・村田麻起子著『現場で役立つ 介護・福祉リーダーのためのチームマネジメント』中央法規出版　2019年

の存在への配慮が必要と述べています。

　つまり、チームの中で活躍できる職員とは、自分がなすべきことを理解しているということであり、役割認識を持てるかかわりが必要ではないかと筆者は考えています。

職員の特徴を捉える方法

　では、どのような職員にもチームの中で役割認識を持たせ、活躍できるようにするには、どうすればよいのでしょうか。それには、職員の性格や考え方といった特徴を的確に捉えることが必要だと筆者は考えます。

　例えば、チームのタイプを捉える方法の一つとして、マイケル・A・ウェスト（West, M. A.）は、チームのタイプを図1のように4つに分けています。

　ウェストはチームを、「タスク」と「社会性」の組み合わせにより、弾力的チーム・自己満足なチーム・駆り立てられたチーム・機能不全チームがあるとしています。

　また、専門職として学びを深めていくと、「ＩＰＷ」「ＰＭ理論」「サーバント」などリーダーシップの考え方に出合います。特にＰＭ理論は、社会福祉士国家試験問題にも出題されることもあり、ご存知の方も多いのではないでしょうか。

　ＰＭ理論とは、リーダーシップをＰ行動（チームの目標達成を促進し、強化する行動）と、Ｍ行動（チームメンバーに配慮することでチームを維持する行動）の2つの能力要素で構成し、類型化を試みた理論です。また、ＰＭ理論におけるリーダーシップスタイルの図（図2）は非常に有名な図となっています。

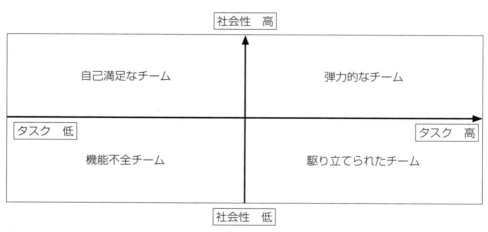

図1　チームの4つのタイプ
出典：マイケル・Ａ・ウェスト著、下山晴彦監修、高橋美保訳『チームワークの心理
　　　学―エビデンスに基づいた実践のヒント』2014年を参考に筆者作成

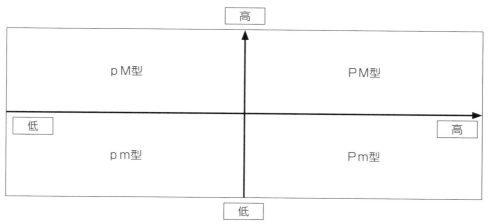

図2　ＰＭ理論におけるリーダーシップスタイル
出典：筆者作成

　ほかにも、コンフリクトの解決策で用いられる「二重関心モデル」も、上記で述べた2つの図と同じような、4事象に分けた図を用いて捉えられています。二重関心モデルでは、対立を解決する場合には、どの部分が共有できるのか、どの部分が譲れないのかを確認しながら、「協調」「強制」「妥協」「服従」「回避」の手法を使い分けています。チームマネジメントや、課題の解決策を導き出す手法として組織論などで学ぶ機会が多いものです。

図3　対立の解決方法：二重関心モデル
出典：マイケル・Ａ・ウェスト著、下山晴彦監修、高橋美保訳『チームワークの心理学—エビデンスに基づいた実践のヒント』2014年を参考に筆者作成

また、筆者と同年代の介護福祉教員として活躍する篠崎良勝が開発した「P.E.I.P.」では、観察視点を「Personality（個人的要素）」、「Environment（環境的要素）」、「Independence（自立的要素）」、「Physical（身体的要素）」と4事象で捉えています（図4）。

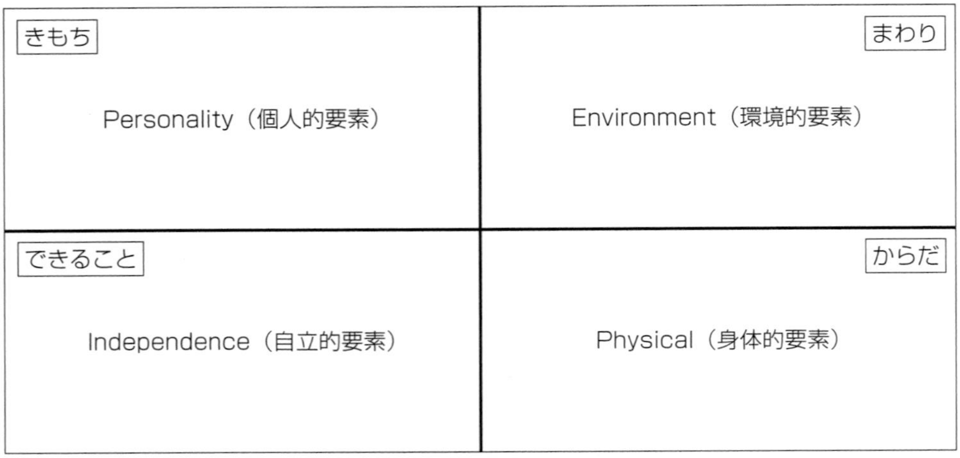

きもち Personality（個人的要素）	まわり Environment（環境的要素）
できること Independence（自立的要素）	からだ Physical（身体的要素）

図4　「P.E.I.P.」
出典：篠崎良勝「P.E.I.P.」を参考に筆者作成

　また、筆者が一番衝撃を受けたものにジョハリの窓があります（図5）。ジョハリの窓とは、対人援助職の姿勢として初期段階で学ぶ「自己覚知」や「自己認識」の手法として自己分析に用いる考え方です。自分自身が見た自己と、他者から見た自己の情報を分析することで次の4つに区分して自己を理解するというものです。

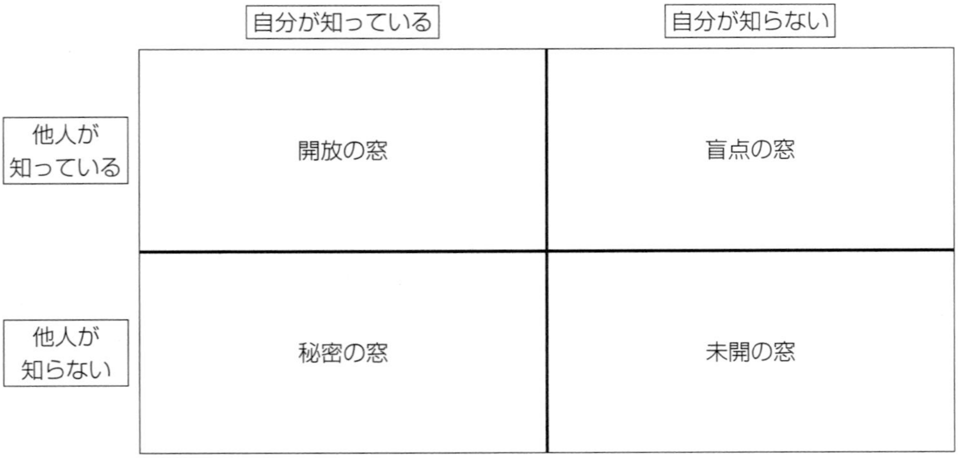

	自分が知っている	自分が知らない
他人が 知っている	開放の窓	盲点の窓
他人が 知らない	秘密の窓	未開の窓

図5　ジョハリの窓
出典：久瑠あさ美著『ジョハリの窓―人間関係がよくなる心の法則』2012年を参考に筆者作成

これまでにあげたものは、チームのタイプやリーダーシップのスタイル、観察視点などの違いがありますが、これらに共通する考え方として、事象を４つに分けて物事を捉えています。このような類型に分けることで、事象を的確かつ明確にとらえることができると言えるでしょう。

　チームメンバーである職員の性格や特性を理解するうえでも、このような４事象の図を活用することで、分かりやすく捉えられると考えました。

良いチームの作り方と本ワークブックの目的

　これまで述べたように、考え方や仕事上のスキルが異なっていたりする職員でも、チームの中で役割認識を持ちながら利用者とかかわり、他のメンバーの苦手なところを補え、それぞれがチームの中で活躍できるような「ゆるやかな分業と共同」ができるチームが筆者の考える「良いチーム」です。そのためには、職員の考え方や立ち位置などを明確にとらえることが大切です。

　このワークブックでは、介護現場でどのようにチームメンバーを活かしていけば良いか考えられるように作成しました。また、介護職リーダー研修・介護現場でのOJT・施設内の中堅者研修・委員会活動・個人面談基礎資料などに用いて頂くことや、波及効果として人間関係を円滑にし、介護現場の人材定着や人材育成の充実化に寄与することも本ワークブックの作成した目的の一つです。ワークの中では、それぞれスーパービジョンの要素を取り入れるため、教育的な要素・管理的な要素・支持的な要素を意識して作成しています。

　本ワークブックを、「チームメンバーへのアドバイス」として是非活用してくださることを期待しています。介護職チームが「ゆるやかに分業と共同」できることが、利用者のQOL向上のために不可欠です。24時間365日連続している介護現場ならではの問題を解決する示唆になる機会になればと思います。

【参考文献】
１）野田由佳里「デイサービスに従事する介護職員の就業構造」聖隷クリストファー大学社会福祉学部紀要　2015年

２）井上由起子・鶴岡浩樹・宮島渡・村田麻起子著『現場で役立つ　介護・福祉リーダーのためのチームマネジメント』中央法規出版　2019年

３）マイケル・A・ウェスト著、下山晴彦監修、高橋美保訳『チームワークの心理学―エビデンスに基づいた実践のヒント』東京大学出版会　2014年

４）篠崎良勝「P.E.I.P」第28回日本介護福祉学会発表　2019年

本ワークブックの使い方

　本ワークブックでは、各テーマに対する2つのシチュエーション（事例）を通して、チームメンバーの活かし方を学んでいきます。

　老人保健施設「きらり」の介護主任である相川さんは、2階フロアのケア向上には、次世代リーダーの育成や、フロアメンバーの介護力の底上げが必要だと考えています。本ワークブックでは、相川さんの部下である「磯部さん」「内山さん」「江守さん」と他メンバーとの業務場面を想定し、相川さんが、「磯部さん」「内山さん」「江守さん」のスーパーバイザーとしてかかわり、成長のプロセスを伴走的に支援していく立場を描いています。

　各テーマの扉では、テーマ設定の経緯や目的、ワークをどのように用いてほしいなど筆者の意図を示しています。

登場人物について

　各テーマに登場する職員の特徴について「はじめに」で述べた4事象に分けた図を用いて示しています。

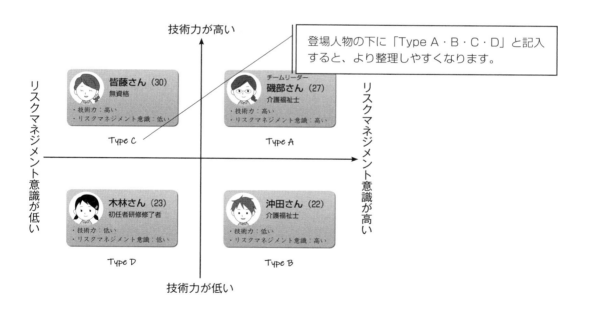

> 登場人物の下に「Type A・B・C・D」と記入すると、より整理しやすくなります。

また4事象で分けたタイプを、次の表のように各職員の性格や特徴などを想像して書き出すと、より具体的な人物像を描け、具体的なアドバイスも浮かびやすくなります。

Type A	磯部さん	弾力的に仕事ができている。同調的で継続的に仕事を頑張ろうとしているチームリーダー。
Type B	沖田さん	暴走しがちな危険性あり。リーダーが受容していけば伸びが期待できる次世代リーダー候補。
Type C	皆藤さん	自己満足で伸び悩みがち。リーダーに対してやや反発心や否定観を抱きがちな次世代リーダー候補。
Type D	木林さん	仕事に臆病で消極的。リーダーと関わる機会も少なく職場の中で一番孤立しがちな新人職員。

シチュエーション1

　シチュエーション1では、「きらり」の職員たちのチームケアの場面（生活支援の実際・ケア会議・施設内研修等）を取り上げ、個人ワークとグループワークをそれぞれ設定しています。本ワークブックで取り上げるシチュエーションは、利用者の生活支援場面や、事故などの対応を中心としていますので、実際の介護現場を想像しながらワークに取り組めるように設定しています。

　個人ワークでは、「利用者へのアプローチ」「予後予測」「観察ポイント」の3つを設定しています。各個人でこれらのワークに取り組み、ワークブックの空欄に直接記入するか付箋に書き出してみましょう。各個人で取り組んだ後に、個人ワークで書き出したことをグループで発表し、情報共有を行うのも良いでしょう。

　グループワークでは、「利用者のQOL向上」または「利用者に関する専門職の連携」と「チームアップデート」の2つを設定しています。グループで取り組み、ワークブックの空欄に直接記入するか、付箋に書き出してみましょう。

　これらのワークに取り組むにあたり、現場経験が浅い方や、自分の考えを書き出すことが苦手な方には、まず記入の仕方やワークの進め方を理解するために、ワークを一つずつ取り組んでいくと、より効果を得られるでしょう。

「利用者のアプローチ」では、利用者に接する時にどのように話しかけるか、またどのような配慮が考えられるか等、具体的な関わり方を考えてみてください。

シチュエーション1

設楽さんは最近、筋力低下が見られます。特に夜間の排泄時のふらつきがあり、担当の沖田さんからも次回のケースカンファレンスで移動介助について提案したいと申し出がありました。

○利用者

 設楽裕三さん（76歳）
脳梗塞後遺症・右片麻痺・失語症
移動杖歩行

○個人ワーク

設楽さんへのアプローチ

・設楽さん自身の思いを伺う　　　　・家族がいる場合、簡単に報告を行う
・設楽さんご本人に「気をつけて」と声をかける　　　・夜間の巡視を丁寧に行う
・筋力低下があるので下肢を使う機会を増やす

「予後予測」では、利用者が望ましくない状態が継続していけば、体調はどう悪化するのか、また意欲や心境がどう変化していくのかを推測してみてください。介護過程における統合化のプロセスを参考にすると導きやすいと思います。

予後予測

・筋力低下により行動範囲が狭くなる
・筋力低下が引き金となって自身喪失になる
・夜間時に転倒などが起きやすくなる

「観察ポイント」では、利用者の疾患からの直接的な影響や、予後予測を参考に具体的にどのような支援をしていくべきかを考察してみてください。介護過程における介護内容や、実践内容を参考にすると導きやすいと思います。

観察ポイント

・筋力低下　　　・姿勢　　　　・歩幅　　　　・体重増減　　　　・水分量・食事量
・睡眠（覚醒状態）　　　・服薬の影響

○グループワーク

設楽さんのQOL向上

・夜間不安なく、排泄ができる
・下肢筋力低下の防止のため、日常的な歩行動作訓練メニューに取り
・施設での暮らしの中で楽しみを持つことができる

ここでは「利用者のQOL向上」、「利用者に関する専門職の連携」の2種類をテーマによって設定してあります。「利用者のQOL向上」では、利用者の快適さ、自立支援、安全安心を軸に考えてみてください。「利用者に関する専門職の連携」では、利用者の暮らしを専門職の連携によりどうサポートするかという視点で書いてください。

チームアップデート

・設楽さんのQOL向上についてケア提供ができることでチームに
・看護師・リハビリ職種・管理栄養士への協力を求めるために専
・個別ケアなどで必要なアセスメントが可能になる
・設楽さんのケアを通してチームケアの良さを意識できる

「チームアップデート」では、話し合いにより、利用者に対する現状のケア内容のマネジメントと、介護職チームのマネジメントの両面を意識しながら書いてください。

シチュエーション2

　シチュエーション2では「きらり」の職員たちのチームケアの場面の中で生じている課題や、事故対策など、より具体的に提示しています。

　介護主任である相川さんの立場になり、各職員に送るアドバイスを考えましょう。各テーマの扉で取り上げた図を用いて、各職員の立場や性格、考え方などを整理し、「良いチーム」として利用者への支援等が取り組めるようになることがポイントです。

シチュエーション2

　設楽さんが寒くなってきた夜間に居室で転倒。大腿骨頸部骨折して
さんのユニットを担当している4名に対して、相川主任からのアド
しょう。

 **チームリーダー 磯部さんへのアドバイス**

（ポジティブメッセージ）磯部さんは、職員ひとりひとりのリスクマネジメントへの意識や技術

について分析できている点がとってもいいと思うの。

（ネガティブメッセージ）磯部さんは、リーダーシップをとって、利用者

について方向性が出せていない部分が残念な気がするの。

（チームへの貢献）今までのやり方も間違っていないけど、もっと他の職

わね。最近、事故が増加しているから、フロア会議を開いてはどうかしら。

👤 **沖田さんへのアドバイス**

（ポジティブメッセージ）沖田さんはリスクマネジメントができているか

知識と、仕事への真剣さがあると思うの。それは沖田さんの強みね。特に

ことは、成長につながるから期待しているのよ。

（ネガティブメッセージ）移動や移乗って、利用者の身体的特徴を意識しながら経験を積んでい

く面があるから、技術について少し意識して学び直す時期かもしれない。経験則で介助をする

のではなく、根拠を持って介助をすると、今以上に誇りと自信につながると思うの。

（チームへの貢献）沖田さんはリスクマネジメントや、ヒヤリハット報告書の記載内容もいつ

も的確だから、事実を具体的に言語化できていることが他のケアにも活きているわ。今後もそ

の知識をチームメンバーに広げて欲しいの。

「ポジティブメッセージ」では、現状の中で良い面をフォーカスし、承認するメッセージや、日々のケアに関する労いの言葉をイメージして記入しましょう。

「ネガティブメッセージ」では、問題点や、疑問点、また上司として気になっている点をイメージして記入しましょう。欠点の指摘ではなく、この部分を直すことで更に良くなるという叱咤激励の意味も含むメッセージも書いてみましょう。

「チームへの貢献」では、チームとして技術力が底上げされることや、ケアが統一され標準化されることで、利用者の暮らしが、より快適になるという視点で記入しましょう。

介護現場へのワンポイントレッスン

　テーマで扱う内容のまとめとして設定しています。フロア会議や研修のまとめとして活用して頂けると幸いです。

登場人物について

老人保健施設　きらり（100床）

所属職員：医師・看護師15名、リハビリ職5名、生活相談員及び施設ケアマネジャー3名、
　介護職30名

介護主任　相川さん（45歳）
　　介護福祉士　＊認定介護福祉士

「介護が大好き。自分の現場を良くしたい」と
いう強い想いがある。次世代リーダーの養成が
現在の課題。真面目な性格。

2階フロア職員配置図（相川さんを含む介護職15名が属している）

チームリーダー
磯部さん

沖田さん　　皆藤さん

木林さん

チームリーダー
内山さん

久留米さん　　島さん

佐山さん　　越路さん

チームリーダー
江守さん

瀬木さん　　薗田さん

須山さん　　立川さん

登場人物の性格・特性・物事に対する考え方

名前・資格・役職	性格・特性
チームリーダー 磯部さん（27歳） 介護福祉士	・パソコンが苦手　・ケア実践能力が高い　・情報収集力がある　・情報柔軟性に欠ける　・新しい提案が得意　・指示なく動くことができる
チームリーダー 内山さん（28歳） 介護福祉士	・モチベーションが高い　・目標設定ができる　・協調性が高い　・建設的思考が高い　・ケアの質を向上させる意識が高い　・業務効率化が得意　・情報収集力がある　・情報柔軟性がある　・新しい提案が得意　・指示がないと動けない
チームリーダー 江守さん（30歳） 介護福祉士	・仕事が早い　・仕事が丁寧　・専門職への意識が高い　・外的な影響に左右されがち　・情報柔軟性がある　・情報収集力に欠ける　・新しい提案が得意　・指示がなく動くことができる
沖田さん（22歳） 介護福祉士	・パソコンが得意　・ケア実践能力が高い
皆藤さん（30歳） 無資格	・パソコンが苦手　・ケア実践能力が低い
木林さん（23歳） 初任者研修修了者	・パソコンが得意　・ケア実践能力が低い
久留米さん（30歳） 介護福祉士	・建設的思考がある　・協調性に欠ける　・ケアの質を向上させる意識が高い　・業務効率化が苦手
越路さん（22歳） 介護福祉士	・モチベーションが高い　・目標設定ができない　・ケアの質を向上させる意識が低い　・業務効率化が苦手
佐山さん（32歳） 介護福祉士	・モチベーションが低い　・目標設定ができる　・建設的思考に欠ける　・協調性に欠ける　・ケアの質を向上させる意識が低い　・業務効率化が得意　・新しい提案が苦手　・指示がないと動けない
島さん（52歳） 初任者研修修了者	・モチベーションが低い　・目標設定ができない　・建設的思考に欠ける　・協調性がある
須山さん（32歳） 介護福祉士	・仕事が早い　・仕事が雑　・専門職への意識が高い　・内的な影響に左右されがち　・情報収集力に欠ける　・情報柔軟性に欠ける
瀬木さん（38歳） 介護福祉士（パート）	・専門職への意識が低い　・外的な影響に左右されがち

薗田さん（28歳） 介護福祉士	・仕事が遅い　・仕事が雑	
立川さん（33歳） 初任者研修修了者(パート)	・仕事が遅い　・仕事が丁寧　・専門職への意識は低い　・内的な影響に左右されがち	

もくじ

はじめに

本ワークブックの使い方　／9

登場人物について　／13

テーマ1　ICT機器の活用能力 × ケア実践能力 ……………………………………… 19
シチュエーション1　／20
シチュエーション2　／21
介護現場へのワンポイントレッスン　／22

テーマ2　モチベーション × 目標設定 ……………………………………………………… 23
シチュエーション1　／24
シチュエーション2　／25
介護現場へのワンポイントレッスン　／26

テーマ3　協調性 × 建設的思考 ……………………………………………………………… 27
シチュエーション1　／28
シチュエーション2　／29
介護現場へのワンポイントレッスン　／30

テーマ4　業務効率化 × ケアの質を向上させる意識 ……………………………… 31
シチュエーション1　／32
シチュエーション2　／33
介護現場へのワンポイントレッスン　／34

テーマ5　仕事の早さ × 丁寧さ …………………………………………………………… 35
シチュエーション1　／36
シチュエーション2　／37
介護現場へのワンポイントレッスン　／38

テーマ6　専門性 × 要因からの影響 ………………………………………………… 39
シチュエーション1　／40
シチュエーション2　／41
介護現場へのワンポイントレッスン　／42

テーマ7　情報収集力 × 情報柔軟性 ……………………………………… **43**

　シチュエーション１　／44

　シチュエーション２　／45

　介護現場へのワンポイントレッスン　／46

テーマ8　提案型 × 指示型 …………………………………………………… **47**

　シチュエーション１　／48

　シチュエーション２　／49

　介護現場へのワンポイントレッスン　／50

おわりに

テーマ1 ICT機器の活用能力 × ケア実践能力

　介護現場では、日々の介護記録をパソコンに入力することが当たり前になってきており、パソコンなどのICT機器を活用する機会が増えてきました。若い世代の職員は、パソコンやスマートフォンの利用頻度も多いことから、タブレット利用に対しても抵抗感がない人が多いように思います。しかし、利用者へのケアを実践する能力は高く、記録も手書きなら苦痛を感じない職員でもなぜかパソコン利用になると、二の足を踏む人も少なくない現状もあります。

　今回のテーマでは、ICT機器が得意・不得意な人、ケア実践能力が高い・低い人をどう活かすかについて、ワークを通して考えていきましょう。

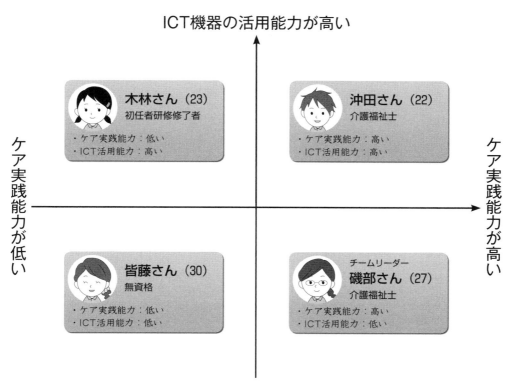

シチュエーション1

　設楽さんは最近、筋力低下が見られ、特に夜間の排泄時のふらつきがあります。担当職員の沖田さんから、次回のケースカンファレンスで移動介助の見直しについて提案するため、資料に提示する内容について相談がありました。

○利用者

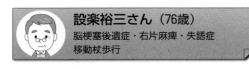

設楽裕三さん（76歳）
脳梗塞後遺症・右片麻痺・失語症
移動杖歩行

○個人ワーク

設楽さんへのアプローチ
予後予測
観察ポイント

○グループワーク

設楽さんのQOL向上
チームアップデート

シチュエーション2

　チームリーダーの磯部さんは、パソコン入力が苦手で、沖田さんの作成した資料に対してアドバイスをすることをためらいがちです。沖田さんからケースカンファレンスで提示する資料をパソコンで作成してよいか相談がありましたが、どうアドバイスしたらいいか困っています。他のメンバーもパソコン入力に得意不得意があり、ICT機器の有効活用がチームの課題となっています。

👩 チームリーダー　磯部さんへのアドバイス

ポジティブメッセージ

ネガティブメッセージ

チームへの貢献

👦 沖田さんへのアドバイス

ポジティブメッセージ

ネガティブメッセージ

チームへの貢献

木林さんへのアドバイス

ポジティブメッセージ

ネガティブメッセージ

チームへの貢献

皆藤さんへのアドバイス

ポジティブメッセージ

ネガティブメッセージ

チームへの貢献

介護現場へのワンポイントレッスン

　パソコン入力は、機能やキーボード配置などを覚えるまでには、少し煩わしい面が否めません。苦手意識を払拭できるミニ勉強会などを実施するのも良いでしょう。
　人材不足の中、いかに効率的に道具やツールなどが使える人材を育成していくかは、法人のみならず組織の生き残りにも影響を及ぼします。チーム全体のスキルアップを目指しましょう。

テーマ 2 モチベーション × 目標設定

　人の心理面からアプローチし、コントロールする方法論をモチベーション理論といいます。具体的な理論として、マズローの欲求段階説やピグマリオン効果、期待理論などがあります。モチベーション理論を活用するポイントは成功体験です。成功体験には目標設定が大切です。自らのやる気と具体的な行動を決めることがケアの「面白さ」「楽しさ」につながると思います。介護現場では利用者のアセスメントにそのヒントがあるのではないでしょうか。

　新人職員が「安心」して業務に取り組めるために「相談できる雰囲気づくり」「業務の見える化」「行動を認める声掛け」がポイントになります。

　今回のテーマでは、モチベーションと目標設定の点からチームメンバーを活かす方法を考えていきましょう。

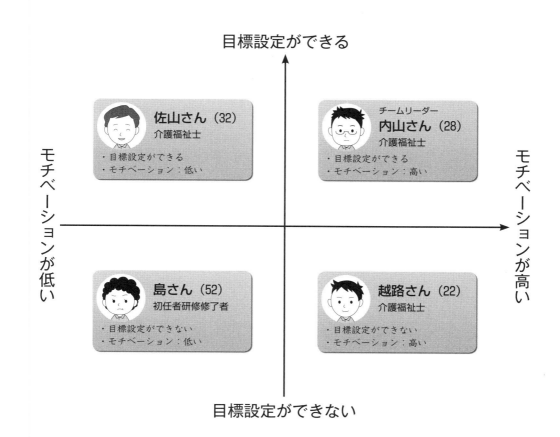

目標設定ができる

佐山さん（32）
介護福祉士
・目標設定ができる
・モチベーション：低い

チームリーダー
内山さん（28）
介護福祉士
・目標設定ができる
・モチベーション：高い

モチベーションが低い

モチベーションが高い

島さん（52）
初任者研修修了者
・目標設定ができない
・モチベーション：低い

越路さん（22）
介護福祉士
・目標設定ができない
・モチベーション：高い

目標設定ができない

シチュエーション1

　井土さんは今回が2回目の入所です。以前の入所では、井土さんはよく居室から出て他の利用者や職員との会話を楽しみ、ユニットの活動にも参加し生活をされていました。今回の入所では、あまり元気がなく、リハビリ以外は居室で過ごすことが多くなりました。

○利用者

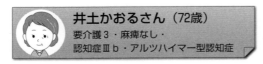

井土かおるさん（72歳）
要介護3・麻痺なし・
認知症Ⅲb・アルツハイマー型認知症

○個人ワーク

井土さんへのアプローチ
予後予測
観察ポイント

○グループワーク

井土さんに関する専門職の連携
チームアップデート

シチュエーション2

　井土さんは若い頃、木工細工が趣味でした。また、地域の活動にも積極的に参加していました。今回は新しい職員を迎えたこともあり、2か月後の地域交流会を目標にフロアの活動に特徴を持たせたいと考えています。

チームリーダー　内山さんへのアドバイス

ポジティブメッセージ

ネガティブメッセージ

チームへの貢献

越路さんへのアドバイス

ポジティブメッセージ

ネガティブメッセージ

チームへの貢献

佐山さんへのアドバイス

ポジティブメッセージ

ネガティブメッセージ

チームへの貢献

島さんへのアドバイス

ポジティブメッセージ

ネガティブメッセージ

チームへの貢献

介護現場へのワンポイントレッスン

　　入所者とスタッフの双方から「モチベーション」を考えてみましょう。利用者が積極的に行っていた「生活」にヒントがあります。また、新しい人材を迎えていることに着目し、新しい職員のキャリアから発信できる機会をつくってみましょう。同時に利用者と職員が一緒に「発見」できる活動を考えてみましょう。「面白い」「発見」の小さな体験が次の「目標」や「発見」になるように「楽しい」と思う時間が続いていきます。

協調性 × 建設的思考

　立場や主張が異なるメンバーと円滑にコミュニケーションをとり、同じ目標に向かって仕事を進めることができる力を「協調性」といいます。介護現場の立場や主張が異なる背景に職員の取得している資格や人生経験が関係していることがあります。異なる資格を持つ職員がチームとしてケアを行う上で必要なことは、業務のタスク化です。感覚的に「見て覚えて」というやり方からケアを「言語化」し整理します。タスクにそってその人やその仕事の「できない」「わからないこと」を共通の視点で理解し、業務改善を試みるステップが必要です。「できない」「無理」と消極的になることは、利用者の生活を制限することや職員のチームケアを防げてしまいます。入所者のよりよい生活のためにできることを積極的に考える姿勢、つまり「建設的思考」を身に付けたいものです。

　今回のテーマでは、新しい課題に「これならできる」「ここならできる」という言葉に置き換え、チームメンバーを活かしたケアに取り組むことができる雰囲気づくりについて考えてみましょう。

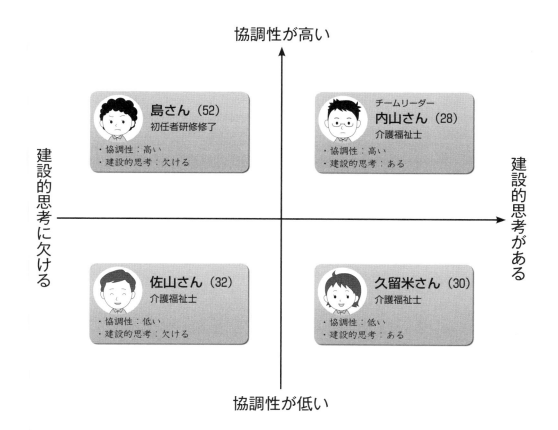

シチュエーション1

　井土さんはトイレから居室に戻れない等、フロアで立ち止まっていることが多くなりました。担当職員の久留米さんは、次回のケースカンファレンスで井土さんの認知症状に関する資料を作成することになりました。

○利用者

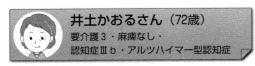

井土かおるさん（72歳）
要介護3・麻痺なし・
認知症Ⅲb・アルツハイマー型認知症

○個人ワーク

井土さんへのアプローチ

予後予測

観察ポイント

○グループワーク

井土さんに関する専門職の連携

チームアップデート

シチュエーション2

　井土さんは食事の摂取量にムラがあります。内山さんのチームでは、井土さんの食事の環境づくりに取り組むことになりました。まずは課題を明らかにするミーティングを行います。

チームリーダー　内山さんへのアドバイス

ポジティブメッセージ

ネガティブメッセージ

チームへの貢献

島さんへのアドバイス

ポジティブメッセージ

ネガティブメッセージ

チームへの貢献

👤 久留米さんへのアドバイス

ポジティブメッセージ

ネガティブメッセージ

チームへの貢献

👤 佐山さんへのアドバイス

ポジティブメッセージ

ネガティブメッセージ

チームへの貢献

介護現場へのワンポイントレッスン

　　認知症の周辺症状は、多様なケースがあります。利用者を安全に居室に案内するだけではありません。利用者が安心して暮らすことができる要因を探ることも必要です。利用者の安心を言語化してみましょう。また、環境を整えるためのアイデアは一つでなくてもいいと思います。利用者と職員が一緒に一つずつチャレンジすることが信頼関係につながるのではないでしょうか。

テーマ 4　業務効率化 × ケアの質を向上させる意識

　介護現場には多様な業務があります。業務の効率化には、「ムリ」「ムダ」「ムラ」を省くことが必要になります。そのためには、目的を明らかにし、今まで当たり前に行ってきた業務の意味や目的を改めて考えることが重要です。業務の意味を探ることで入所者のケアとの関係について理解が深まり、職員のケアの自信にもなるでしょう。また、業務を可視化し、利用者や職員の状況の変化に対し柔軟に対応することは、業務効率化にもつながります。このように、業務の意味を理解し、効率化をはかることは、ケアの質を向上させる視点としても大切です。同時に業務の効率化とケアの質を向上させる意識に終わりはないといえるでしょう。小さな達成感の喜びを分かち合いながら、より良い利用者の生活の場、より良い職場をつくっていくため、チームメンバーをどう活かせばいいか考えてみましょう。

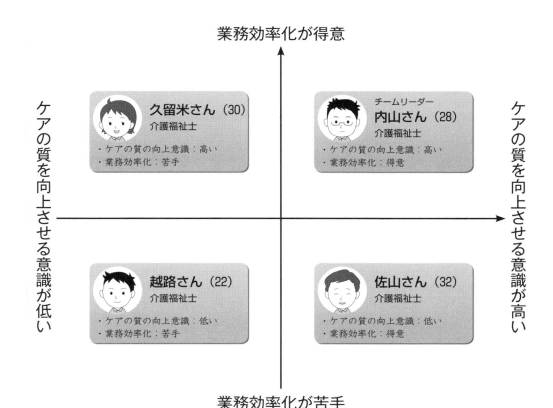

シチュエーション1

　井土さんは、水分摂取の必要性が感じられず、脱水やせん妄の症状の頻度が多くなりました。相川さんは、井土さんを担当する内山さんのチームに、業務とケアの質について考えるミーティングを実施することを提案しました。

○利用者

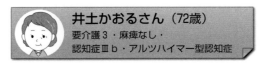

井土かおるさん（72歳）
要介護3・麻痺なし・
認知症Ⅲb・アルツハイマー型認知症

○個人ワーク

井土さんへのアプローチ

予後予測

観察ポイント

○グループワーク

井土さんに関する専門職の連携

チームアップデート

シチュエーション2

「きらり」では、利用者の生活機能回復への支援をテーマに研修を行い、「1日中おむつをつけたままにしないケア」を掲げています。おむつを使用している井土さんから「自分でトイレに行きたい」と言われました。チームで井土さんの排泄ケアと業務分担について取り組みます。

チームリーダー　内山さんへのアドバイス

ポジティブメッセージ

ネガティブメッセージ

チームへの貢献

佐山さんへのアドバイス

ポジティブメッセージ

ネガティブメッセージ

チームへの貢献

久留米さんへのアドバイス

ポジティブメッセージ

ネガティブメッセージ

チームへの貢献

越路さんへのアドバイス

ポジティブメッセージ

ネガティブメッセージ

チームへの貢献

介護現場へのワンポイントレッスン

　ユニットの業務と入所者の生活リズムを可視化し比較することで入所者に合わせたケアの時間をつくることができます。入所者の生活リズムを時間軸で考えてみましょう。次の勤務帯の職員に口頭で申し送るだけではなく、可視化し担当者の動きや関わり方と重ねて考えてください。また、個別の対応は「できない」「無理」と思う理由を説明できるかを自身に問いかけてみてください。

仕事の早さ × 丁寧さ

　利用者にとって信頼ができる職員の条件は、日々のケアが丁寧であることが一つの物差しではないでしょうか？　仕事が丁寧な職員だと、着脱や口腔ケアなど細かい部分の身体介助において「人に援助されている違和感」を抱かず、煩わしさや苛立ちを感じません。一方で、丁寧に扱ってもらえていない職員に対しては、利用者はフツフツと苛立ちを積み重ねているように思います。

　また、介護の仕事の中身には、介護（ケア）と作業（ワーク）があります。それぞれの中身に緊急度と重要度の違いがあります。介護の効率性を高めるためには、本質は何かを考え、そこに関係のないところにはこだわらないことが重要です。他にもスケジュールを組み、判断の迷いや指示漏れをなくし、時間や動線の無駄を省くことも大切です。清掃や消毒、物品の配置など作業的内容を早く済ませることができれば利用者に対する介護の時間が増やせます。

　今回のテーマでは、仕事の早さと丁寧さの点からチームメンバーを活かす方法を考えていきましょう。

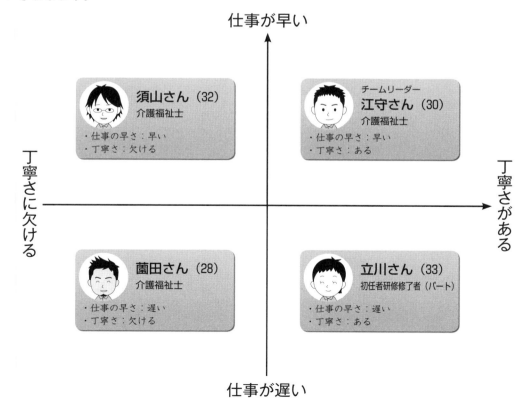

シチュエーション1

　防災担当の江守さんは、防災訓練について各職員に向け「実施日と時間の説明」をしました。その後、各職員から担当利用者へ防災訓練の説明をしたところ、井土さんから「避難したくない」と申し出がありました。井土さんの担当チームである内山さんから次回のケースカンファレンスで防災訓練のあり方について提案したいと申し出がありました。

○利用者

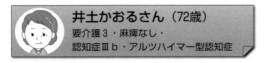

井土かおるさん（72歳）
要介護3・麻痺なし・
認知症Ⅲb・アルツハイマー型認知症

○個人ワーク

井土さんへのアプローチ
予後予測
観察ポイント

○グループワーク

井土さんに関する専門職の連携
チームアップデート

シチュエーション2

「きらり」の地域の最新のハザードマップでは、水害が発生した場合は3階までの避難が必要とされています。江守さんから、井土さんへ向けた避難経路は、文字だけではなくピストグラムも活用した掲示をしたいと提案があり、チームで作成することになりました。

チームリーダー　江守さんへのアドバイス

ポジティブメッセージ

ネガティブメッセージ

チームへの貢献

立川さんへのアドバイス

ポジティブメッセージ

ネガティブメッセージ

チームへの貢献

須山さんへのアドバイス

ポジティブメッセージ

ネガティブメッセージ

チームへの貢献

薗田さんへのアドバイス

ポジティブメッセージ

ネガティブメッセージ

チームへの貢献

介護現場へのワンポイントレッスン

　防災マップや避難経路図なども、仕事が早くて丁寧なリーダー一人だけで作成する方が美しく完成度が高い物になるかもしれません。でも本来の目的は美術作品の制作ではなく、より利用者の安全を確保できるかが主眼となります。また多くの職員が関わることで、関わった職員への防災意識の高まりにつながります。掲示物など均質さを求めがちですが、災害（地震・台風）を想定しながら、お互いの個性を認め合う機会としてください。

テーマ6 専門性 × 要因からの影響

　介護福祉士は国家資格であり、介護が必要な方の生活支援をすることを生業としています。専門職として知識や技術を持つことは当然のことですが、専門性を発揮するためには精神的に安定した状態で仕事ができることも大切な条件ではないでしょうか。

　メンバーの中には、私生活の影響を受けずに平常心を保って仕事ができるが、利用者の急変、勤務変更、異動、人材不足など外的影響に左右され激しく動揺する職員もいます。

　一方で、職員の中には私生活で気になることや心配ごと（内的環境）があると仕事には集中できず、ケア中の注意に散漫さが見られることがしばしばあります。またメンバーへの迷惑にも顧みず、急な欠勤や早退などの行動をとる職員もいます。

　今回のテーマでは、専門性を発揮するための心理状況との関係についてふまえながら、どうチームメンバーを活かせば良いか考えてみたいと思います。

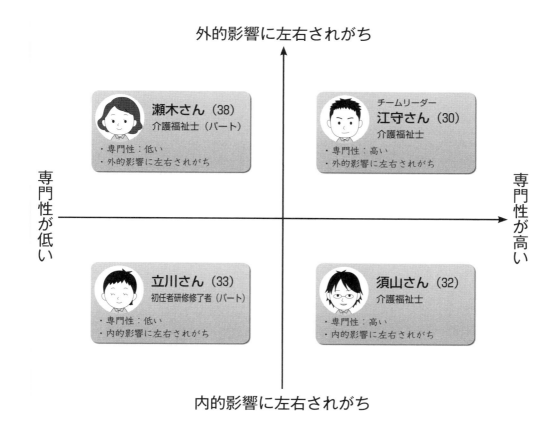

シチュエーション1

　大木さんは男尊女卑の考え方が強く、男性職員に対しては問題なく介助を受け入れますが、女性職員に対しては小さなことでも、不平不満をぶつけます。そのため、女性職員の多くが大木さんに対する苦手意識を抱いています。

○利用者

大木恒夫さん（90歳）
前立腺肥大

○個人ワーク

大木さんへのアプローチ

予後予測

観察ポイント

○グループワーク

大木さんのQOL向上

チームアップデート

シチュエーション2

　ある日、須山さんが私生活のトラブルから日勤を急遽欠勤しました。欠勤の連絡は事前にありましたが、須山さんはたびたび急に欠勤するため、江守さんも今回ばかりは須山さんの行動に怒りを覚えました。当日は大木さんの入浴日であったため、瀬木さんと立川さんは入浴対応に対して不安を強く抱き、入浴日変更の案を申し出てきました。

チームリーダー　江守さんへのアドバイス

ポジティブメッセージ

ネガティブメッセージ

チームへの貢献

須山さんへのアドバイス

ポジティブメッセージ

ネガティブメッセージ

チームへの貢献

瀬木さんへのアドバイス

ポジティブメッセージ

ネガティブメッセージ

チームへの貢献

立川さんへのアドバイス

ポジティブメッセージ

ネガティブメッセージ

チームへの貢献

介護現場へのワンポイントレッスン

　24時間365日、利用者の生活を支えるためには、チームケアが不可欠です。介護現場では変則勤務が通常業務として位置づけられています。チームケアでは感染症対策ももちろん重要ですが、職員自身の日々の体調管理やストレス発散などのライフワークバランスも大切にする風土ができると良いと思います。

情報収集力 × 情報柔軟性

　良いチームは、情報共有が円滑に行き、業務が流れるように進むものです。そこで今回のテーマでは情報をキーワードにした展開を行うこととします。

　例えば、利用者の体調悪化の発見には、体温・血圧などのデータ計測からわかることもあれば、表情・意欲低下などの観察からわかることも多いでしょう。このように利用者の心身の状況を得るには、申し送りや利用者の観察などから情報を収集することが重要です。これにより利用者の心身の状況に応じた介護の展開がスムーズにできます。

　また、実際に利用者へケアを行う際には、情報収集で得たことと、利用者の現在の状態をよく見極めながら臨機応変に対応すること（情報柔軟性）も重要です。

　今回のテーマでは、情報収集力と情報柔軟性の視点からチームメンバーをどのように活かすか、また次代のリーダーを育てるにはどうしたら良いか学んでいきましょう。

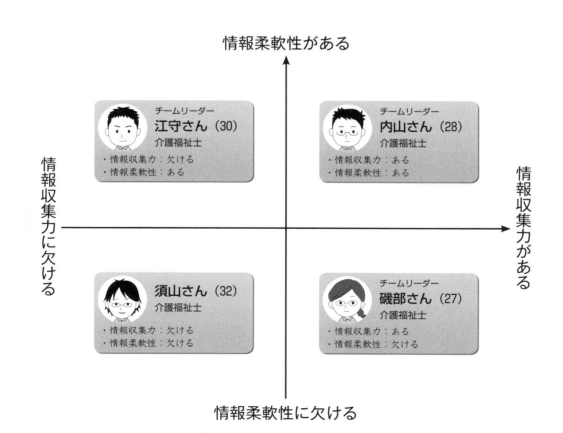

シチュエーション1

　大木さんは最近、前立腺肥大の影響からか、排尿トラブルが続きイライラしがちです。内山さんはケース記録にも、申し送りノートにも大木さんに関する記載をしました。しかし、須山さんは夜勤入りの際に申し送りノートを確認しなかったため、大木さんの苛立ちの意味が理解できていません。

○利用者

大木恒夫さん（90歳）
前立腺肥大

○個人ワーク

大木さんへのアプローチ

予後予測

観察ポイント

○グループワーク

大木さんのQOL向上

チームアップデート

シチュエーション2

　大林さんが夜間の須山さんの対応に怒りを爆発させました。翌日、日勤勤務リーダーになった江守さん、入浴担当になった磯部さんにも須山さんの対応のまずさについて指摘をしました。介護主任の相川さんは須山さんを次のリーダーとして育てたいと考えています。

チームリーダー　内山さんへのアドバイス

ポジティブメッセージ

ネガティブメッセージ

チームへの貢献

チームリーダー　磯部さんへのアドバイス

ポジティブメッセージ

ネガティブメッセージ

チームへの貢献

👤 チームリーダー　江守さんへのアドバイス

ポジティブメッセージ

ネガティブメッセージ

チームへの貢献

👤 須山さんへのアドバイス

ポジティブメッセージ

ネガティブメッセージ

チームへの貢献

介護現場へのワンポイントレッスン

　目の前のケアだけすれば良いという意識は、横断歩道をいつも赤信号を渡るのと同じで、何が起こるのかわからず危険です。申し送りや個人のケア記録に丁寧に記載を行い、日々のケアに活用したいものです。
　情報は収集するだけでなく、その情報を活かした柔軟性を身に付けたいものです。

テーマ 8　提案型 × 指示型

　利用者に対するケアの提案のためには、日頃のケアをチェックし、その見直しが望まれます。ケアの内容を言語化し「なぜ必要か」を問い直すことも重要です。一人ひとりが情報を持ったチームとなるため、共通意識をもって情報を集め、最適な情報をもとに行動します。人を動かすためには、相手が必要な人材であることを認識してもらうことや、指示を出す際は、相手が自ら気づくように言葉がけをすることが重要です。老人保健施設においても利用者の重度化・入所の長期化傾向となり「第二特養」と表現されるほど、認知症利用者は急増しています。老人保健施設はその施設の役割機能的に、開放病棟が多く施設外へ出て行ってしまう利用者に対して苦慮することが多いのも現状です。リーダーが提案型なら、目標に向けて自ら介護の道筋を決められますが、指示型ならば命令下達の固定化した介護になります。

　今回のテーマでは、タイプの違いによってどのようにチームメンバーを活かせば良いか、また次代のリーダーを育てるにはどうしたら良いか考えてみましょう。

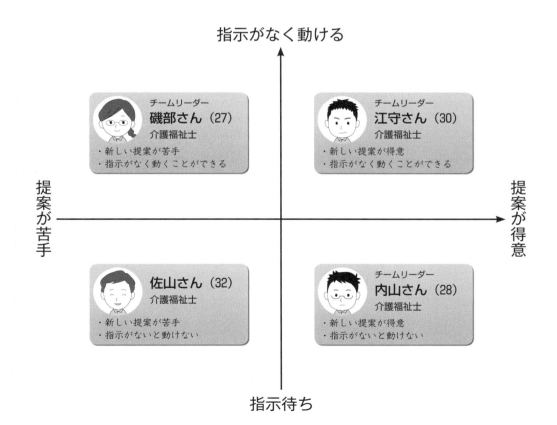

指示がなく動ける

チームリーダー
磯部さん (27)
介護福祉士
・新しい提案が苦手
・指示がなく動くことができる

チームリーダー
江守さん (30)
介護福祉士
・新しい提案が得意
・指示がなく動くことができる

提案が苦手　　　　　　　　　　　　　　　　　　　提案が得意

佐山さん (32)
介護福祉士
・新しい提案が苦手
・指示がないと動けない

チームリーダー
内山さん (28)
介護福祉士
・新しい提案が得意
・指示がないと動けない

指示待ち

シチュエーション1

　井土さんは帰宅願望が強く、たびたび無断外出が見られます。井土さんの担当職員である内山さんからは外出企画の起案書、無断外出を防ぐための暗証番号ボックスの変更や回想法に用いる家具購入の稟議書などが提出されています。

○利用者

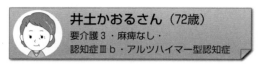

井土かおるさん（72歳）
要介護3・麻痺なし・
認知症Ⅲb・アルツハイマー型認知症

○個人ワーク

井土さんへのアプローチ

予後予測

観察ポイント

○グループワーク

井土さんのQOL向上

チームアップデート

シチュエーション2

　井土さんの帰宅願望や不穏さは、内臓疾患による尿意からの影響や、夜間でも廊下など居住空間の明るさから、睡眠の浅さなども影響しているようです。そのため、井土さんの生活歴を見直し、興味関心のある部分を見つけ、心理的ストレスを軽減することになりました。なお、介護主任の相川さんは、佐山さんを次のリーダーに育てたいと考えています。

🧑 チームリーダー　江守さんへのアドバイス

ポジティブメッセージ

ネガティブメッセージ

チームへの貢献

🧑 チームリーダー　内山さんへのアドバイス

ポジティブメッセージ

ネガティブメッセージ

チームへの貢献

チームリーダー　磯部さんへのアドバイス

ポジティブメッセージ

ネガティブメッセージ

チームへの貢献

佐山さんへのアドバイス

ポジティブメッセージ

ネガティブメッセージ

チームへの貢献

介護現場へのワンポイントレッスン

　利用者の一つの症状ばかりに目が行きがちになっていませんか？　さまざまな要因（身体的・精神的・環境的）について思考を深めてみましょう。

　指示型の職員だと「あるべき論」などを押し付けがちです。職員にイメージが浮かぶような具体的な要素を伝えていけると良いと思います。

　移動能力に関しては、視力などさまざまな項目にもチェックしましょう。

おわりに

　2019年に行われたラグビーワールドカップにおける日本代表選手の活躍に、にわかラグビーファンになった方も多いはずです。チームを鼓舞した言葉「ONE TEAM」は流行語大賞にも選ばれました。

　介護職チーム作りは介護現場において非常に大きな課題です。リーダーたちにとっては命題と言っても過言ではありません。

　筆者は本ワークブックの作成を通して、かつての同僚たちのことを浮かべる機会が何度もありました。多様な背景を持ったチームメンバーでしたが、共通していたことは「悪い人」はいなかったということです。筆者に対して小さな不平不満を抱きながらも決して、筆者を害すことや排除するということはありませんでした。また日々の利用者のケアには決して手を抜かなかった素晴らしいメンバーであったと思います。筆者はその現場を離れて数年経過しましたが、当時のメンバーが今なお、現場で頑張っていることを誇りに思え、あの温かさにもう一度浸りたいと思慕に似た感情を抱くことも正直あります。決して有能なリーダーではありませんでしたが、メンバーのフォロワーシップやメンバー自身のケアに対する真摯さに支えられる「ONE TEAM」の現場であったと思います。

　「はじめに」でも書きましたが、良いチームとは他のメンバーの弱さを補える点だと思います。マンパワーとしても補う、そして心持ちにおいても補えるチームこそが真のチームであると言えないでしょうか？　苦手意識を払拭しつつ、利用者の生活支援をするのは決して楽なことではありません。そのためにもメンバーには互いの存在を認め合い、助け合う土壌作りに心がけて欲しいものです。

　いかなる人も可能性があります。可能性を活かせるのはチームや組織の土壌だと思います。明るく優しく楽しい優秀な職員ばかりが入職してくるとは限りません。明るく優しく楽しく優秀な職員に育成していくことがリーダーの役割であり、介護職チームの課題だと思います。

　人材不足だからこそ、今のメンバーを活かせることが絶対に必要です。介護の仕事をしようと思って入ってきたメンバーをいかに自分たちのメンバーとして育成し、介護職チームとして、これからのチーム作りの発想転換になることを期待します。

介護福祉現場の意識改革シリーズ
事例から考える「チームメンバーの活かし方」

2020年6月30日　初版第1刷発行

著　者	野田由佳里・岡本浄実・村上逸人
発 行 者	竹鼻　均之
発 行 所	株式会社みらい

〒500-8137　岐阜市東興町40　第5澤田ビル
TEL　058-247-1227(代)
FAX　058-247-1218
http://www.mirai-inc.jp/

印刷・製本	西濃印刷株式会社

ISBN　978-4-86015-521-6
Printed in Japan